Biografie - Ratgeber

BESCHISSEN BESCHISSENER AM GLÜCKLICHSTEN

Luis Villgrattner

© 2021, Luis Villgrattner
Herstellung und Verlag:
BoD – Books on Demand, Norderstedt
ISBN: 9783754397404

VORWORT

Ich bin Luis Villgrattner, 23 Jahre alt und das ist mein Buch.

Vorneweg: Dieses Buch ist nicht aus der Absicht entstanden, ein Buch zu werden. Alles fing damit an, dass ich das Erlebte der letzten vier Jahre durch das Niederschreiben der Sache aufarbeitete. Für mich war das nächtliche Sitzen vor dem Laptop und einfach Gedanken herunter zuschreiben wie eine Art Meditation. Es gab mir die Möglichkeit, die Erlebnisse gedanklich noch einmal zu durchleben und zu verkraften.

Ich habe mich oft nach innen verschlossen und alle traurigen und einschneidenden Ereignisse in mich hinein gefressen.

So staute sich in mir mit der Zeit ein sehr hoher emotionaler Ballast an.

Ich habe mit dem Schreiben des Buches viele neue Erkenntnisse über mich und meine Persönlichkeit gewinnen können. Das hätte ich nie gedacht und das war im Nachhinein der für mich bedeutendste Effekt des Buches. Die Erfahrungen und das Erlebte werden in dem Buch erzählt. Es kommen aber auch sehr intime und persönliche Anekdoten vor, welche nicht einmal meine vertrautesten Mitmenschen, wie Familie und Freunde je gehört haben.

Das hatte mich vor der Entscheidung über die Publikation des Buches sehr beängstigt und ich war mir nicht sicher, ob diese Entscheidung der Offenlegung meiner privatesten Momente zu riskant sei. Schließlich würde ich mich sehr angreifbar machen.

Doch eine der Wichtigsten, bereits oben genannten Erkenntnisse ist, dass Offenbarung kein Zeichen von Schwäche ist und daraus wunderbare Dinge entstehen können.

Ihr werdet euch wahrscheinlich fragen, was ein 23-Jähriger überhaupt zu erzählen hat oder was er schon erlebt hat, um ein Buch zu schreiben.

Dieses Buch wird zwar eine Biografie über einen Teil meines bisherigen Lebens sein, es sollte aber vielmehr als Ratgeber, der meine Erlebnisse als Ansatz nimmt, fungieren.

Das Buch trägt den Titel *beschissen, beschissener, am glücklichsten.*

Es erzählt meine Geschichte, wie ich früh in meiner Karriere als Handball-Profi zwei

Knieverletzungen und drei Knieoperationen erleiden musste und schildert, wie mich diese Fehl- und Schicksalsschläge zu dem Menschen gemacht haben, der ich heute bin und welche Dinge ich daraus gelernt habe.

Es behandelt Themen, wie den Umgang von Misserfolg, Angst vor Entscheidungen und dem Empfinden von Demut. Außerdem teile ich meine persönlichen Erfahrungen, die mein Leben geprägt haben.

Denn ich möchte mit diesem Buch anderen Menschen, Kollegen und Mitspielern, die vielleicht in einer ähnlichen Lebenslage sind oder waren, zur Seite stehen und helfen.

Das letzte Kapitel des Buches *am glücklichsten* soll zeigen, wie ich nach der Zeit meine Lebensfreude, meinen Mut und mein Glück wieder gefunden habe. Ich habe durch das Schreiben des Buches gelernt, Emotionen wie Frust, Zufriedenheit, Freude, Angst, Trauer und Stolz wahrzunehmen, zu erleben und innerlich zu verankern.

Vielleicht entfalten diese Ratschläge auch in dir eine neue Wahrnehmung deinerseits und lassen dich viele Dinge aus anderer Perspektive betrachten.

Trotzdem ist es sehr wichtig zu sagen, dass die Art wie ich mit den erlebten Extremsituationen umgegangen bin und wie ich gehandelt habe, nicht immer die richtige Lösung sein muss.

Ich möchte keine Vorgabe liefern oder euch ein Erfolgsrezept für Glück darstellen. Schlussendlich ist jeder Mensch ein Individuum und tickt anders. Ihr müsst euer Rezept des Lebens finden, welches euch immer satt und glücklich macht.

Mit der Zeit werden hier und da ein paar Zutaten hinzukommen und weggelassen werden. Doch es sollte immer schmecken.

Viel Freude beim Lesen.

Euer Luis Villgrattner

KAPITEL 1

UNTERBEWUSST SELBST-BEWUSST

Es ist ein warmer, sonniger Freitagnachmittag mitten im April. Ich stehe gerade auf dem Schulhof, um mich von meinen Schulkameraden ins Wochenende zu verabschieden. Daraufhin fragt der eine:

„Hey Luis, was geht am Wochenende? Samstag schmeißt Helen ne Home-Party bei sich. Wird sicher geil!"

Meine Standard-Antwort bis dahin: „Sorry kann nicht, hab Sonntag ein Spiel." Es war natürlich nicht so, dass ich enttäuscht war. Ich hab mich dafür entschieden und hatte auch wenn es bis dato ein Hobby war, die Verantwortung meinen Mitspielern gegenüber, fit zu sein und nicht die Nacht vor dem Spiel durchgefeiert zu haben. Allerdings erfüllte mich jedes Mal aufs Neue dieser Satz mit Trauer gepaart von Missgunst und Wut.

Ich war schlichtweg neidisch auf meine Mitschüler und Schulkameraden.

Dennoch hatte ich früh meine Prinzipien und wie bereits oben erwähnt war ein Prinzip von mir: kein Alkohol und keine Partys vor Spielen.

Aber ich war 17 Jahre alt und wankte förmlich auf dem Grad zwischen Anerkennung und sozialem Status innerhalb meiner Kameraden- und Mitschüler-Gemeinschaft, wohingegen ich auf der anderen Seite dem Erreichen meines großen Zieles nacheiferte: Handballprofi.

Doch wie schnell dieser Neid in Wut und Enttäuschung umschlagen kann, machte ein Ereignis in meiner Schulzeit klar.

Eigentlich war ich der Typ, der seine Motivation oft in anderen Menschen gesehen und durch andere Mitmenschen bezogen habe.

Ich wollte derjenige sein, der später bewundert wird. Bewundert von den Menschen, die sich jedes Wochenende die Birne zu kippten und mich montags in der Schule als braven, spaßfreien und stinklangweiligen Typen dastehen ließen. Ironischerweise war ich also neidisch auf Menschen, die insgeheim neidisch auf mein Erreichtes waren.

Speziell ein Erlebnis öffnete mir die Augen und ich wünschte, ich könnte die Zeit zurück drehen und meinem 17-jährigen Ich befehlen, anders zu reagieren.

Mein Abitur machte ich in meiner Heimatstadt im Gymnasium in Pfullingen.

Ich spielte aber in den letzten beiden Schuljahren bereits in Balingen-Weilstetten.

Dem Konkurrenzverein meiner Mitschüler. Die Strukturen, die Trainer und die Mitschüler boten mir ein professionelleres Umfeld, was der Grund für meinen Wechsel war. Leider war das der Grund, das erste Mal mit Neid konfrontiert zu werden. Wir spielten eine großartige Saison in der Jugend-Bundesliga und qualifizierten uns für das Viertelfinale der deutschen Meisterschaft. In Balingen herrschte Euphorie und Freude. Es wurden Poster und Flyer gedruckt und überall im Umkreis verteilt und aufgehängt. Ich weiß bis heute nicht, wer es damals war und wie es passierte.

Aber unter anderem fand ein Poster den Weg in meine Schule.

Das Poster zeigte mich sehr groß abgebildet mit einem Mitspieler. Wir waren in Jubelpose. Eigentlich ein ziemlich cooles Bild. Leider sah das nicht jeder so..

Es hing damals in der Aula meiner Schule aus. Dort, wo jeder Schüler dreimal am Tag durchlief. Es war quasi der „Marktplatz" der Schule und dort hing eine große Pinnwand, an der Neuigkeiten, Angebote usw. aufgehängt wurden.

Am anderen Morgen fand ich mein Gesicht auf dem Poster mit ausgestochenen Augen, bemaltem Gesicht und abgerissenem Ohr wieder. Das Gesicht meines Mitspielers blieb unversehrt. Die Message war klar.

Aber keiner meiner umstehenden „Freunde" machte sich etwas draus und alle lachten, als sei es das Normalste der Welt.

Als ich es sah, lachte ich es nur weg und ließ mir nichts anmerken.

Doch innerlich spürte ich viele befriedigte Egos in meiner Umgebung. Bis heute weiß niemand, wie unfassbar verletzt und gekränkt ich an diesem Tag die Schule verließ. Ich habe niemandem je davon erzählt. Nicht einmal meinen Mitspielern.

Doch diese kleine Geschichte ist nicht da, um mir euer Mitleid zu erschleichen. Ich will sagen, dass ich diesen Vorfall und die Situation damals total falsch eingeordnet hatte.

Rückblickend habe ich gemerkt, dass dieser pure Neid und Hass mir gegenüber, Zeichen meines Erfolgs gewesen sind. Deswegen ist wichtig: Erkenne an, dass Neid und Missgunst das Ergebnis deines Erfolgs sind und wandle sie in Energie um, um noch stärker aus dieser Situation hervor zu gehen, wenn du dich mal in einer ähnlichen Lage befindest. Genau in diesen Momenten - auch wenn es unfassbar schwer ist - steh zu dir und lach es nicht weg.

Nimm den verdammten Stift, mal noch ein Smiley auf dein Gesicht und lauf grinsend weg! Es gibt ein Begriff, der das Phänomen Selbstvertrauen gut beschriebt:

Nominalisierung. Das passiert immer dann, wenn du ein Eigenschaftswort verwendest und dieses in der Sprache in eine Sache oder Person verwandelst.

Als Ergebnis hat man also ein Wort, was sich nach einer Sache anfühlt, aber an sich nicht greifbar ist. So lässt sich Selbstvertrauen gut darstellen.

Denn wenn du mal darüber nachdenkst, fällt es dir vielleicht schwer die Portion Selbstvertrauen in deine Brotdose für die Arbeit oder in für den Sport in deine Trainingstasche zu packen. Doch genau aus diesem Grund ist es wichtig, sich täglich mit sich selbst zu befassen und an seinem Selbstvertrauen zu arbeiten.

Das kann beispielsweise ein Satz oder ein Gedanke vor dem Schlafengehen sein.

Oder es kann das Niederschreiben des Satzes mit dem Anfang: *Heute habe ich besonders gut...* ‚sein. Ganz egal.

Es geht darum, sich Erfolgserlebnisse zu schaffen, denn sie lassen uns zu unseren eigenen Fans werden.

Wir werden von Tag zu Tag überzeugter von uns selbst sein. Das wiederum führt dazu, dass wir Herausforderungen meistern, die wir früher nicht annähernd für möglich gehalten hätten.

KAPITEL 2

THERE IS NO SCHICKSAL

2017 - Das sollte mein Jahr werden. Ich hatte mich Ende 2016 entschieden, mir

Ziele für das kommende Jahr vorzunehmen.

Meine einlaminierte Liste von Zielen war an meinem Schreibtisch an gepinnt. Es waren langfristige Ziele über das Jahr verteilt Das Einräumen der Spülmaschine stand nicht darauf. Sehr zum Leid meiner Mutter.

Die Ziele waren klar: *Führerschein - Abitur - 90kg Körpergewicht - U19 Weltmeisterschaft - Bundesligaspiel.*

Große Ziele und ich war bereit, sie abzuhaken. Das Jahr begann holprig und ich merkte schnell, dass meine Ziele sehr ambitioniert waren. Ich war kein besonders guter Schüler und musste viel Zeit ins Lernen stecken.

Meine vorübergehende Angst vor dem Autofahren machte den Erwerb des Führerscheins auch nicht einfacher.

Allerdings schaffte ich eine Woche vor den Abiturprüfungen die praktische und theoretische Prüfung und erhielt den Führerschein knappe zwei Monate vor meinem 18. Geburtstag. Auch das Abitur bestand ich. Nicht mit Bestnoten, aber mit Bravour.

Ziemlich viel Stress im Nachhinein und ich bin bis heute stolz und froh, dieses Jahr so durchgezogen so haben. Meine zwei ersten Haken waren gemacht und ich ging mit voller Motivation und Energie in den Sommer. Ich arbeitete hart an mir und verbrachte viel Zeit im Kraftraum.

Mein Motto in der Halle war stets eine Sache: Mach immer ein wenig mehr als andere!

Ich war und bin mir sicher, dass ich mit dieser Tugend letztendlich besser sein werde. Sowohl als Konkurrent und Mitspieler, als auch als Person im späteren Leben nach der Karriere.

So hatte ich bald die neunzig Kilogramm Körpergewicht, was für mich als ohnehin genetisch veranlagten Mensch ohne großen Muskelzuwachs viel harte Arbeit, Schweiß und Zeit kostete. Es gibt metaphorisch gesagt Sportler, die schauen eine Hantelbank an und werden von dem bloßen Ansehen stärker und muskulöser. Soll heißen, sie müssen nicht viel Zeit und Fleiß investieren.

Zu diesen Menschen gehöre ich definitiv nicht, so schön es auch wäre.

Dennoch konnte ich auch dieses Ziel Nummer drei an meiner Liste abhaken, nachdem ich im Mai viel Zeit mit Krafttraining verbracht und meine Mahlzeiten größentechnisch verdoppelt hatte. Zugegebenermaßen war es für mich viel schwerer so viel zu Essen und ständig meine Ernährung zu kontrollieren und Acht zu geben, nicht das Falsch zu essen, im Vergleich zum Krafttraining an sich. In dieser Phase meines Lebens schwebte ich einfach auf einer eigenen Erfolgswolke. Ich meisterte viele Aufgaben mit einer gewissen Leichtigkeit und Selbstverständlichkeit.

Diese Seite meines Charakters kannte ich vorher noch nicht, aber ich machte mir darüber nicht allzu viele Gedanken.

Ich war aber sehr stolz auf mich. Ich würde behaupten, dass ich zu dieser Zeit sportlich, aber auch menschlich eine tolle Entwicklung machte. Die Vorfreude auf den neuen Verein, den großen VfL Gummersbach, wuchs und auch die Teilnahme mit der Nationalmannschaft an der WM war zum Greifen nah. Dann war Abschlusstraining des Rückspiels der deutschen Meisterschaft und dem höchstwahrscheinlich letzten Spiel der Saison, da wir das Hinspiel hoch verloren hatten.

Am Ende des Trainings spielten wir noch klassisches 6:6-Abschlussspiel.

Kurz vor Ende der ersten Halbzeit, sprintete ich in einer zweiten Welle hinterher und sah eine sich plötzliche auftuende Lücke.

Ich sprang hoch und warf. Als ich landen wollte, merkte ich, wie mein linker Fuß ungewohnt auf dem Fuß eines Mitspielers aufkam, ich knickte mit dem Knie weg und fand mich auf dem Boden liegend wieder. Ich krümmte mich vor Schmerzen. Der erste Blick ging auf mein Knie und ich sah und spürte direkt, dass etwas nicht stimmte. Der untere Teil des Beines schien nicht in der richtigen Position zu sein. So sah es zumindest aus. Und reflexartig fasste ich an das Knie.

Da merkte ich, wie etwas in seine Position zurück sprang.

Es war die Kniescheibe, sie war luxiert. Die rein körperlichen Schmerzen waren nicht auszuhalten.

Mir wurde so übel vor Schmerzen, dass ich mich übergeben musste.

Man muss allerdings sagen, dass ich bisher keine schlimme Verletzung erleiden musste, was die Heftigkeit des Schmerzempfindens nochmals verstärkte.

Doch was noch um vieles schlimmer war, war der „seelische Schmerz". Innerhalb von Sekunden brach eine Welt zusammen. Das ganze harte Extra-Training, das Verzichten auf Partys, der ganze Stress für Nichts. Ganz zu schweigen von Gummersbach und der WM.

Was würde der Verein sagen? Habe ich noch den Vertrag oder ist er jetzt nichtig? Werde ich wieder gesund?

Fragen über Fragen überströmten mein Gehirn und ich wusste nicht was ich, von allem halte sollte.

Leider kennen viele von euch diesen Moment oder haben ein ähnliches Szenario schon durchlebt. Die darauffolgenden Monate waren mit die härtesten meines bisherigen Lebens.

Ich zog mitten in der Sommerpause nach Gummersbach um. Es ging auf Krücken aus dem behüteten Elternhaus in die Fremde, wo ich bis dato niemanden außer ein, zwei Gesichter kannte. Ich wohnte übergangsweise die ersten Wochen bei meinen Großeltern im „Kinderzimmer", weil ich noch keine Wohnung gefunden hatte. Lediglich das tägliche Reha-Training war meine einzige Konstante.

Ein bescheidener Anfang, auch wenn die Physiotherapeuten sich alle Mühe gaben, mich hier wohlzufühlen.

Was mich äußerst antrieb in dieser Zeit war, mein letztes Ziel zu erreichen: Bundesliga spielen. Es klang so banal, aber dieses Ziel hat mich erfüllt und Tag für Tag angetrieben, egal wie weit weg ich noch war, es zu erreichen.

Ich träumte davon, schrieb es auf und dachte so oft es ging daran, um es erlebbar zu machen. Mit kleinen Zwischenzielen, step by step, ging ich diesen harten Weg.

Erst lernte ich im wahrsten Sinne des Wortes wieder zu gehen. Dann folgten erste Krafttrainings, leichte Jogging-Einheiten und schlussendlich das Training von Antritten, Sprints und Sprüngen.

Ich setzte mir Wochenziele, wie eine bestimmte Zeit oder Geschwindigkeit zu laufen.

Ich setzte mir Monatsziele, wie eine bestimmte Wiederholungszahl bei Kraftübungen.

Kleine Erfolgserlebnisse, die mich in meiner Rehabilitation immer wieder motivierten. Das ist unfassbar wichtig, weil es dir ein Feedback gibt, dass es bergauf geht, es voran geht.

Wenn ich euch also eins mit auf den Weg geben möchte, dann, dass ihr euch Ziele suchen solltet. Denn sie wirken wie ein Kompass für euer Leben und zeigen euch die Richtung. Was ihr unbedingt bei der Auswahl eurer Ziele beachten solltet ist, dass eure Ziele SMART sind.

Der ein oder andere mag das schon gehört haben. Aber dieses Prinzip hat mir nicht nur bei meinen Zielen im Sport, sondern auch bei meinen Zielen im Leben sehr geholfen. Ich werde das Prinzip in diesem Buch nur kurz erklären. Im Grunde ist **SMART** die Abkürzung für ein Kriterienraster, das an definierte Ziele angelegt wird: Ziele müssen, um überprüfbar zu sein, **s**pezifisch, **m**essbar, **a**ktiv beeinflussbar, **r**ealistisch und zeitlich **t**erminiert sein.

Ich möchte hier auch nicht Motivationssprüche klopfen oder Lebensweisheiten zelebrieren, aber ein Zitat von Immanuel Kant eignet sich sehr gut als Schlusssatz dieses Kapitels.

Der Ziellose erleidet sein Schicksal, der Zielbewusste gestaltet es.

Am 15.03.2018 machte ich übrigens mein erstes Bundesliga-Spiel. Haken Nummer vier gesetzt!

KAPITEL 3

KOPFSACHE

Die Rückrunde der restlichen Saison verlief bei mir persönlich sehr gut. Ich hatte ab und zu schon in der Bundesliga-Mannschaft mittrainieren dürfen. Dann stand Saison 2018/2019 an. Es sollte die erste Saison als festes Mitglied im Bundesliga-Kader sein. Denn ich hatte die Chance bekommen mich als zweiter Linksaußen zu beweisen.

Klar war ich für Spielpraxis noch in der U23-Mannschaft vorgesehen und es war auch nicht meine eigentliche Position aber hey: Das war eine Chance, die ich unbedingt nutzen wollte.

In der Vorbereitung sammelte ich viele Erfahrungen und versuchte jedes Gespräch mit gestandenen und neuen Spielern, jede Trainingseinheit und jedes Testspiel aufzusaugen wie ein Schwamm.

Ich hatte zeitweise auch meine Anteile im Rückraum, meiner ursprünglichen Position, bekommen.

Als die Saison fortschritt, kristallisierte ich mich als echte Alternative im Rückraum heraus und das Vertrauen des Trainers ließ mein Selbstbewusstsein sehr stark wachsen. Ich hatte plötzlich eine echte Rolle in dieser Mannschaft. Es hätte abgesehen von der sportlichen Situation im Verein nicht besser laufen können für mich. Wir spielten damals gegen den Abstieg und somit herrschte in Gummersbach ein hoher Druck von außen. Trotz alldem fühlte ich mich sehr wohl.

Dann kam die Vereinsführung zu mir und auf einmal stand das Thema vorzeitige Vertragsverlängerung mit Profivertrag im Raum.

Ich freute mich natürlich sehr darüber. Zugegebenermaßen setzte mich dieses Thema auch sehr unter Druck und ich schraubte meine Ansprüche an mich noch höher.

Da ich merkte, wie stark diese Sache mich belastete, wollte ich so schnell wie möglich mit dem Thema abschließen. Als eine Art Shootingstar aus den eigenen Reihen widerfuhr mir zudem in dieser Zeit ein großes Interesse außerhalb der Platte. Leider machte ich den Fehler und zog nicht nur die positive Energie aus den tollen Worten der Leute und der Presse, sondern machte mir noch mehr Druck, wollte noch besser spielen, den Verein vor dem Abstieg retten, komme was wolle.

Am 15.11.2018 in einer simplen Angriffsübung landete ich unglücklich auf dem Vorderfuß eines Mitspielers.

Es passierte alles so schnell, dass ich nur merkte, wie mein Knie kurz zur Seite wegschnellte, ein lautes Knacken hörte und mich dann auf dem Boden liegend wiederfand.

Ich fasste mir instinktiv ans Knie und drückte mein schmerzverzehrtes Gesicht in den Boden. Ich wusste sofort, dass es schlimm war. Aus dem Nichts war erneut ein Stück meines Herzens ausgerissen worden. So fühlte ich.

Ich kann mich noch daran erinnern, dass ich auf der Behandlungsbank lag und Mitspieler, Trainer als auch Physiotherapeuten um mein Vergangenheit Bescheid wussten und somit versuchten mir gut zuzureden.

Jedoch wussten ich und alle um mich herum im Innersten, dass es schlimm war und das Knie buchstäblich ein Totalschaden war. Ich wollte meine Eltern anrufen und sie trotz der Ferne bei mir haben. Also humpelte ich aus der Halle heraus, nahm das Telefon in die Hand und rief an.

Als sie allerdings abnahmen, bekam ich kein Wort heraus und stammelte nur: „Es ist wieder passiert." Es war lange stille am anderen Ende der Leitung, bis ich meine Mutter leise weinen hörte. Ich konnte das nicht ertragen und legte wieder auf. Über diese schmerzlose Stille legte sich pure Fassungslosigkeit, Enttäuschung und Trauer.

Einen Tag später war die Diagnose da, erneute Luxation der Kniescheibe mit Knorpelschaden dritten Grades. Diese Diagnose war nur schwer zu ertragen.

Ich zog mich einige Tage zurück, um diesen Rückschlag zu verkraften.

Als ich mich wieder nach einiger Zeit sortiert hatte, versuchte ich meine neue Aufgabe die Rehabilitation ehrgeizig und mit großem Willen, anzugehen.

Einen Rückschlag zu erleiden, wenn man am Höhepunkt ist, scheint auf den ersten Blick noch schmerzlicher zu sein. Der Zeitpunkt einer großen Verletzung wird wohl nie passend sein, aber in dieser Phase tat es noch mehr weh.

Doch ich profitierte von dem neu gewonnenen Selbstvertrauen vor der Verletzung enorm für die anstehende Rehabilitation.

Ich zweifelte nicht an meiner Entscheidung, wieder Handball spielen zu wollen.

Ich dachte nicht an ein Ende meiner Karriere. Es war auf eine Weise selbstverständlich weiterzumachen und fit zu werden.

Die Verletzung an einem sportlichen Höhepunkt hatte somit auch einen positiven Effekt.

Ich erfuhr zudem sehr, sehr viel Unterstützung von außerhalb. Ich hatte damals ein tolles Team aus Trainer, Physiotherapeuten und Athletiktrainer um mich herum.

Diesen ganzen Menschen möchte hier an dieser Stelle nochmals meinen Dank aussprechen.

Zur Verletzung selbst möchte ich eine wichtige Sache anführen. Leistungsdruck spielt im Profisport immer eine Rolle.

Der Druck von außen durch Medien, Presse, Trainer und Mitspieler kann dir nicht genommen werden. Doch welchen Druck du dir unbedingt nehmen solltest, ist dein eigener Druck! Ich will nicht sagen, dass dieser mentale Stress und Druck der Grund für meine Verletzung war.

Aber im Nachhinein bin ich mir sicher, dass es ein ausschlaggebender Faktor war. Wenn ihr einmal in derselben Situation seid und merkt, dass ihr es nicht schafft, alleine mit dem Druck klarzukommen, ist es keine Schande, Hilfe zu holen.

Auch ein Profisportler darf und sollte ohne zu zögern professionelle Hilfe im mentalen Bereich in Anspruch nehmen können!

Es ist ein simples Beispiel und trifft den Kern des Problems exakt.

Wenn man sich den Arm bricht, dann geht man zum Arzt, bekommt dann einen Gips und lässt den gebrochenen Knochen heilen.

Das ist selbstredend. Würde man es nicht machen, würden sich alle wundern warum man sich nicht helfen lässt. Doch hat man eine „mentale" Verletzung, wie ständiger Stress, oder die Angst vor dem Versagen und so weiter, dann ist es fast verrufen, sich Hilfe zu holen. Das Problem wird minimalisiert und als nicht so schlimm empfunden.

Widersetzt euch dem vermeintlichen gesellschaftlichen Druck, denn es ist einfach total ok und wichtig, dann Hilfe zu holen.

Ich war leider damals nicht in der Lage mir diese Hilfe zu holen.

Ich war damals für mein Alter schon sehr reif und gefestigt in meinem Charakter, da ich schnell erwachsen werden musste. Nur leider verborg sich hinter meinem Charakter oft eine große Angst, für Fehler, Fehlverhalten und die eigene Meinung verurteilt zu werden.

Diese Angst gepaart mit falschem Stolz hielt mich davon ab, den richtigen Schritt zu machen und mir Hilfe zu suchen. An mir mental zu arbeiten. Das bereue ich bis heute und wünschte, ich es damals anders gemacht. Schließlich ist der Kopf der wichtigste Muskel in unserem Körper.

KAPITEL 4

ENTSCHEIDUNGEN

Mein Ziel war, zur Saison 2019/20 wieder fit zu sein.

Es lief alles soweit nach Plan und ich konnte in der Vorbereitung in das Mannschaftstraining einsteigen.

Es war aufgrund des Ligaabstiegs eine andere sportliche Situation, die mir natürlich entgegenkam, da ich auf niedrigerem Niveau wieder zu alter Stärke finden konnte. Die Saison schritt fort und ich hatte mal mehr und mal weniger Spielanteile. Als sich Anfang der Rückrunde mein Positionskollege leider am Fuß verletzte, wusste ich, dass jetzt die Zeit war Verantwortung zu übernehmen und den Ausfall zu kompensieren.

Ich merkte, dass ich erstaunlich gut im Kopf mit der Situation klarkam und mich sehr auf die neue Rolle freute.

Doch von Spiel zu Spiel merkte ich, wie ich dem Niveau körperlich nicht mehr standhalten konnte. Ich war schlicht und einfach nicht mehr fit genug und das Knie machte die Belastung einfach nicht mehr mit. Gute Spiele gaben mir immer wieder Aufwind für kurze Zeit und ließen mich weitermachen. Doch spätestens Mitte der Rückrunde war ich keine Hilfe mehr für die Mannschaft. So hart das klingen mag, es war so. Das sahen und notierten natürlich auch meine Mannschaftskollegen und ich merkte das von Training zu Training. Es zerriss mich innerlich, sie hängen zu lassen und dann noch zu wissen, dass sie sowieso damit gerechnet hatten. Das war erniedrigend und ich fühlte mich sehr hilflos.

Pure Frustration machte sich in meinem Körper breit. Warum in dieser Situation? Warum genau jetzt? Wirst du es noch durchhalten? Wie soll das dann aber gehen? Mich beschäftigen diese Fragen Tag und Nacht.

Im Training nahm ich Schmerzmittel oder machte mal Pause, wenn es gar nicht ging. Schließlich aber musste ich anerkennen, dass ich der Mannschaft nicht weiterhelfen konnte. Dieses immer wiederkehrende Gefühl von Frustration kann ich nicht beschreiben.

Es gab Tage, da fuhr ich nachts raus aus Gummersbach, parkte in einem Wald und rief meine Eltern an, um ihnen zu sagen, dass ich nie wieder Handball spielen werde und dass ich nicht mehr weiter machen kann.

Aufgrund der Covid-19-Pandemie wurde die Saison wenige Wochen später abgebrochen. Das war meine Rettung, um ehrlich zu sein. Sowohl körperlich als auch mental war im am Boden meiner Kräfte und würde meinen Zustand damals als depressiv beschreiben.

Einfachste Aufgaben wie das Aufstehen aus dem Bett oder der Einkauf beim Bäcker waren sehr stressig für mich. Es war nicht einfach für mich diese Phase zu bewältigen.

Manchmal saß ich alleine an meinem Frühstückstisch und fing an zu weinen.

Oft konnte ich es mir nicht mal erklären, warum ich traurig war. Es war wie ein dauerhafter Körperzustand.

Ich sah in jeder Entscheidung das Schlechte und war lustlos, lethargisch und schlaff.

Ich möchte auf diese sehr dunkle Zeit in meinem Leben nicht genauer eingehen.

Doch es war sehr schwer für mich und meine Mitmenschen, mit der Situation umzugehen.

In den folgenden Wochen half mir meine Familie, mein immer da gewesener Fels in der Brandung, sehr. Meine „Therapie" war die Zeit mit meiner Familie und Freunden.

Ich dachte wenig an Handball und beschäftigte mich mit einigen anderen Dingen außerhalb des Sports. Das ließ mich die vergangenen Monate vergessen.

Ich sammelte zuhause neue Energie für die neue Saison, verbrachte aber den Hauptteil der freien Zeit in der Trainingshalle, um zu Beginn der neuen Saison in einer bestmöglichen körperlichen Verfassung zu sein.

Ein neuer Trainer, eine voraussichtlich sehr spannende Spielzeit und der unbedingte Wille wieder der alte Luis zu werden, ließen mich an diesen Tagen aufstehen und motivierten mich.

Es war nicht immer einfach, wenn man Freunde und Mitspieler im Urlaub gesehen hat, aber man selbst völlig ermüdet in einem Eck der dunklen Halle nach zwei

Stunden Training lag. Doch es sollte sich ja immer auszahlen. Das war mein Lebensprinzip.

Die Vorbereitung startete und ich merkte bereits an den ersten Tagen durch die Tests, dass ich sehr fit war. Wir absolvierten binnen zwei Tage zahlreiche Kraft- und Ausdauertests. Ich fühlte mich seit langer Zeit wieder bereit und fit. Ich ging schmerzfrei in die ersten Trainingseinheiten und auch wenn es sehr anstrengend war, merkte man es mir nicht an, weil ich über beide Backen strahlte und glücklich war. Glücklich war, endlich Handball spielen zu können ohne einen stechenden Schmerz oder ein Knacken im Knie.

Endlich hatte sich die lange Schufterei gelohnt und mein Prinzip, mehr als andere zu
machen und dafür belohnt zu werden, be-
wahrheitet. Das Gefühl sich schmerzfrei
bewegen zu können, war alles für mich.

Doch nur wenige Tage später setzte ein
schleichender Prozess der Ermüdung ein
und Schmerzen im Knie machten sich breit.

Sie wurden so groß, dass ich nicht einmal
mehr die Treppe herauflaufen konnte. Ich
versuchte mich durchzukämpfen.

Redete mir ein, dass das nur jetzt so ist,
weil die Belastung in der Vorbereitung immer hoch sei. Ich war ein Meister darin
geworden, meine Probleme in einen inneren Monolog weg zu argumentieren.

Immer stellte ich alles als nicht so dramatisch da, wie es eigentlich war. Ich log mich selbst immer und immer wieder an.

Das war einer der größten Fehler, den ich gemacht habe.

Hätte ich diese Eigenschaft nicht gehabt, würde ich heute keine drei Knieoperationen hinter mir haben. Dessen bin ich mir sicher.

Dennoch machte ich mir in diesen Tage immer wieder Gedanken, zumindest leise in meinem Kopf. Es war, als sei ich in derselben Situation wie vor ein paar Monaten nur noch viel intensiver.

Hatten sich die ganzen zusätzlichen Trainingseinheiten über Monate nicht bezahlbar gemacht? War das alles umsonst?

Was habe ich falsch gemacht? War es doch zu viel Training?

Fragen über Fragen. Jede Stunde, jede Minute und jede Sekunde suchte ich nach Antworten auf diese Fragen.

Ich bin absoluter Kopfmensch und zerbreche mir gern den Kopf über Dinge, ob relevant oder irrelevant.

Diese Eigenschaft habe ich von meinem Vater. In diesen Tagen war es aber nicht hilfreich. Es hinderte mich daran, klar zu denken. Und ich spürte nach kurzer Zeit, wie erschöpft ich war. In meinem Innersten wusste ich, dass es so nicht weitergehen konnte, aber meine Einsicht und Erkenntnis verdrängte ich nach außen.

Ich war endgültig am Ende meiner Kräfte. Dieser erneute Rückschlag fegte mir die

Beine vom Boden weg. Ich hatte mir eigentlich keine neue Verletzung zugezogen, doch mein Körper strahlte in mir das Gefühl aus, dass es genau so war. Vielleicht hatte ich dieses Gefühl im Sommer einfach verdrängt.

Doch jetzt war endgültig Schluss. Ich konnte und wollte nicht mehr weiter machen. Kein weiteres Training, keine weitere Minute Handball.

Ich hatte es satt, wieder die Mitspieler mit ihren mitleidigen Blicken zu sehen und schon wieder hunderte Schulterklopfer abzuholen.

Jede Mal, als ich das Training abbrechen musste, spürte ich die Enttäuschung des Teams. Sie gaben mir das Gefühl, dass man sich auf mich nicht verlassen konnte und ich ein ständiger Risikofaktor wäre. Das machte mich fertig.

Meine damaligen Mitspieler wollten mir mit Sicherheit nichts Böses und sie hatten auch Recht. Es ist Leistungssport und wir hatten ein Ziel.

Und zum Erreichen dieses Zieles war ich in dieser Zeit keine Hilfe. Zumindest nicht auf dem Spielfeld. Doch das half nicht und änderte nichts an meiner Lage.

Ich wollte um alles in der Welt raus aus dieser Rolle des bemitleidenswerten und schwachen Luis. Das war nicht ich und das wusste ich tief in meinem Innersten.

Der Moment, als mir bewusst wurde, dass es so endgültig nicht weitergehen wird, ist mir in guter Erinnerung.

Es war nach einem Training kurz vor Ende der Vorbereitung.

Nachdem ich das Training kurz vor Ende erneut abbrechen musste, trottete ich auf direktem Wege in die Kabine, um für mich zu sein und meine Gedanken zu sortieren. Ich stammelte vor mich hin und fing an, Selbstgespräche zu führen. „Das geht so nicht weiter. Du kannst so nicht weiterma-chen. Jetzt ist Schluss. Lass es sein, schmeiß hin. So eine Scheiße mach ich nicht mehr. Ich will kein Handball mehr", redete ich mir immer wieder ein.

Ich wollte aufgeben und das jagte mir im ersten Moment eine Riesenangst ein.

Gedanken an ein vorzeitiges Ende der Kar-riere, Vertragsauflösung, das Bezahlen von Miete, Auto und Rechnungen und nicht zu wissen, wie es weitergehen würde, ließen mich nicht mehr los. Ich wartete, bis meine Mannschaftskollegen die Halle verließen und versuchte, mir nichts anzumerken zu lassen.

Schließlich war ich alleine in der Halle, setzte mich auf eine Bank und weinte so bitterlich, wie ich noch nie in meinem Leben bisher geweint hatte. Der Schmerz durchbohrte meinen Körper und ich fühlte mich so verdammt leer.

Mein damaliger Trainer war damals doch noch in der Halle und fand mich in meinem Zustand wieder. Ich konnte ihm nichts mehr vormachen. Er zeigte eine große menschliche Geste.

Er tröstete mich und bot mir seine Hilfe an, statt nach einer Lösung für den Ausfall zu suchen. Diese Reaktion hatte ich nicht erwartet und sie zeigte, was für ein großartiger Typ dieser Trainer war.

Dennoch waren die folgenden Tage nicht einfach. Schlaflose Nächte, Kopfschmerzen und zeitweilige Übelkeit waren die Auswirkungen meiner Existenzängste. Mir war in diesem Moment nicht bewusst, was ich für ein tolles, unterstützendes Umfeld hatte. Ich sah nur den Worstcase.

Nach einigen Tagen versuchte ich meine Gedanken zu sammeln und zusammen mit meinem damaligen Arzt, Trainer und Physiotherapeuten eine Lösung für mich zu finden. Auch abseits von Profisport.

Sie hatten Recht.

Es ging nicht nur darum, wieder Handball zu spielen, denn Lebensqualität auch

im höheren Alter war für mich sehr wichtig. Und mit kaputtem Knie würde diese Lebensqualität definitiv sinken.

Es bestand die Möglichkeit einer Operation in Form einer Knorpelzelltransplantation. Hier wird Knorpelgewebe in einer ersten Operation entnommen, dann vier Wochen in einem speziellen Labor gezüchtet, um dann in einer zweiten Operation in den Knorpelschaden eingesetzt zu werden.

Diese Methode ist bei Profisportlern sehr unüblich, weil es zwei Operationen sind und die Ausfallzeit zwölf Monate beträgt. Würde ich mich für diese Operation entscheiden, spreche nicht nur die lange Ausfallzeit dagegen sondern auch, dass vermutlich mein Vertrag mit Gummersbach aufgelöst werden würde und ich höchstwahrscheinlich im Sommer verletzt und ohne Verein dastehen würde. Hinzu kam, dass ich nicht wüsste, ob ich jemals noch professionell Handball spielen könnte.

Auf der anderen Seite sollte es auch eine Entscheidung perspektivisch für mein weiteres Leben sein.

Ich wollte nicht mit zweiundzwanzig schon ein Invalide sein und mit Mitte mit einem Gehstock durch die Welt spazieren.

Besonders ein Traum ließ mich nicht los und es war immer wieder dasselbe Szenario:

Meine zukünftigen Kinder spielen Fußball im Garten meines Hauses. Ich sehe, wie sie herumtollen und glücklich sind.

Der Garten ist riesengroß und in der Mitte stehen zwei Tore. Das Wetter ist auch sehr gut und die Sonne strahlt bei hellblauem Himmel. Ich sitze auf der Terrasse und schaue dem Treiben zu. Dann rollte ein Fußball auf mich zu und meine Kinder schreien: „Komm Papa, spiel den Ball zurück!" Doch ich kann nicht aufstehen und bin wie gefesselt an meinen Stuhl. Jedes Mal, wenn ich versuche auf zu stehen, durchfährt mein Knie ein so immenser Schmerz als säße ich auf einer Folterbank. Meine Kinder laufen enttäuscht davon und spielen weiter.

So will ich auf keinen Fall enden. Also musste ich eine Entscheidung treffen und es war wohlmöglich die schwierigste Entscheidung, die ich bis dato treffen musste.

In Bezug auf meine Gesundheit im Leistungssport habe ich es oft abgelehnt, mich zu entscheiden. Ich habe versuchte, mit gerissenen Bändern und gestauchten Knochen doch noch zu spielen.

Ich habe versucht, noch drei Übungen, zehn Sätze und zwanzig Wiederholungen mehr zu machen, obwohl es dem Körper geschadet hat und er Pause gebraucht hätte. Ich habe versucht dem Trainer ein gutes Gefühl zu geben, obwohl es mir hundeelend ging und ich mich vor Schmerzen kaum bewegen konnte.

Zweifellos sinnlose Versuche. Und alles nur weil jedes Mal der Mittelwert die Lösung sein musste und nicht ein Ja oder Nein.

Ich habe Angst gehabt, mich zu entscheiden, vor den Konsequenzen und dem was Entscheidungen nach sich ziehen.

Entscheidungen zu treffen, ist nicht immer leicht. Oft wiegt die Angst der Tragweite einer Entscheidung höher als der eigene Mut.

Wir treffen am Tag rund 20.000 Entscheidungen, meistens unbewusst und die meisten auch ohne groß zu überlegen.

Beim Kauf einer Flasche Wasser im Supermarkt überlegen wir nicht lange. Wir kaufen sie einfach. Ziehen wir das schwarze oder das weiße T-Shirt an? Kaufen wir heute Fleisch oder Fisch?

Das sind alles Entscheidungen, die wir kurz und schnell treffen, da kein großes wahrgenommenes Risiko besteht.

Doch vor den wenigen wirklich existentiellen Entscheidungen fürchten wir uns oft. Scheidung? Jobwechsel? Umzug? Wir überlegen uns solche Entscheidungen eine lange Zeit und haben meist mehr Angst vor den negativen Konsequenzen einer Entscheidung, als uns auf den erwünschten positiven Effekt zu freuen.

Eines Abends nahm ich ein Bad und hörte währenddessen einen Podcast zum Thema „Entscheidungen treffen".

Eine Weisheitsgeschichte in diesem Podcast half mir sehr dabei und öffnete mir einen neuen gedanklichen Horizont. Ich möchte sie euch erzählen:

Eines Tages lief einem Bauern das einzige Pferd fort und kam nicht mehr zurück.

Die Nachbarn hatten Mitleid mit dem Bauern und sagten: „Du Ärmster! Dein Pferd ist ja weg, welch ein Unglück!" Der Landmann antwortete: „Glück oder Unglück, wer weiß das schon?"

Eine Woche später kehrte das Pferd zurück und brachte ein Wildpferd mit in den Stall.

"Wie wunderbar", sagten die Nachbarn: „Erst läuft dir das Pferd weg – dann bringt es noch ein zweites mit! Was hast du bloß für ein Glück!"

Der Bauer wiegte den Kopf: „Glück oder Unglück, wer weiß das schon?"

Das Wildpferd wurde vom ältesten Sohn des Bauern eingeritten; dabei stürzte er und brach sich ein Bein. Die Nachbarn eilten herbei und sagten: „Wie schrecklich. Welch ein Unglück!"

Der Landmann gab zur Antwort: „Glück oder Unglück, wer weiß das schon?"

Kurz darauf kamen die Soldaten des Königs und zogen alle jungen Männer des Dorfes für den Kriegsdienst ein. Den ältesten Sohn des Bauern ließen sie zurück wegen seines gebrochenen Beins.

Da riefen die Nachbarn:

„Was für ein Glück! Dein Sohn wurde nicht eingezogen!"

Der Bauer meinte nur: „Glück oder Unglück. Wer weiß das schon…"

Durch Entscheidungen werden Umbrüche in unserem Leben passieren, die wir auf den ersten Blick als sehr schlimm auffassen. Doch auf den zweiten Blick und nach einiger Zeit erkennen wir, dass diese vermeintlich schlechte Auswirkung der Entscheidung doch etwas Positives bewirkte.

Dieser Glaube an das Gute einer Entscheidung, auch wenn sie zuerst nicht das gewünschte Ergebnis erbringt, ließ mich viele zukünftige Entscheidungen mit mehr Überzeugung und Mut treffen.

Ich entschied mich Ende September für die Knorpelzelltransplantation und meine Eingriffe erfolgten Ende Oktober und Ende November mit Erfolg.

Bis heute bin in der festen Überzeugung, dass es die richtige Entscheidung war, auch wenn ich dafür eine komplette Saison pausieren musste.

KAPITEL 5

DEMUT

Ich möchte in diesem Kapitel von einer Erfahrung erzählen, die das Denken und Handeln nicht nur im Sport, sondern auch in meinem Leben veränderte.

Zwölf Wochen nachdem ich den zweiten Eingriff hinter mir hatte, befand ich mich auf dem Weg zum Arzt, um ein Kontroll-MRT durchzuführen.

Es ging darum, erste Erkenntnisse über den Verlauf der Operation, die Heilung des Knorpelschadens und Bildung des eingesetzten Knorpelgewebes zu gewinnen. Ich hatte schon zahlreiche MRT's hinter mir und immer war eine gewisse Grundnervosität zu spüren. Es ist fast wie vor einer wichtigen Klausur, nur dass man das Ergebnis nicht mehr beeinflussen kann.

Man redet sich ein, seinen Körper als Profisportler gut zu kennen und rechnet immer mit guten Nachrichten, wenn man ein gutes Gefühl hat.

So war mein Gefühl an diesem Tag auch sehr positiv und mein Knie fühlte sich sehr gut an, auch wenn noch eine deutliche Restschwellung da war. Ich wartete, nachdem ich das MRT gemacht habe, auf die Bilder. Fünf Minuten später kam der Radiologe herein, überreichte mir wie immer das ausgedruckte Bildmaterial und ich nahm es gespannter und aufgeregt entgegen und schritt gespannt mit großen, schnellen Schritten ein Stockwerk höher zur Orthopädie, um alles mit dem Doc zu besprechen.

Vorher warf ich noch einen schnellen Blick auf die MRT-Bilder, um mit meiner inkompetenten ärztlichen Sichtweise eine meist total falsche Diagnose treffen.

Aber auf den ersten Blick schien alles gut zu sein. Ich zeigte meinem Doc die Bilder.

In dem Moment, als er die Bilder auf dem Computer anschaute, bekam er einen Anruf des Radiologen. Ich verstand nicht was der Radiologe zu ihm sagte, aber anhand des Gesichtsausdrucks wusste ich sofort, dass es nichts Gutes war.

Ich hatte diesen Gesichtsausdruck schon allzu oft gesehen. Ein Gefühl von Enttäuschung verteilte sich in meinem Körper ohne überhaupt ein Satz mit unserem Arzt gesprochen zu haben. Ich ahnte Schlimmes.

Und ehe mein Arzt auflegen konnte, war ich den Stuhl versunken und saß da wie ein Haufen Elend.

Ich stammelte nur verzweifelt: „Und?"

Er schaute mich an und meinte, dass der Knorpel sich gut gebildet hat aber ein Riss im Inneren des Meniskus zu erkennen war.

Es traf mich sehr und ich wusste nicht, was ich sagen sollte.

Auf jeden Fall war es nicht das, was ich hören wollte und meine Erwartungen wurden schlagartig gedämpft.

Egal wie oft man schlechte Nachrichten zu hören bekommt, es ist jedes Mal aufs Neue eine absolut beschissene Botschaft, mit der man nie lernen wird umzugehen, weil sie einen immer trifft.

Und mich traf sich mitten in die Magen-grube. Ich gebe zu, dass meine unbegründete Euphorie die Heftigkeit der Nachricht verstärkte.

Ich packte meinem Kram ein, fuhr mit dem Aufzug herunter und stolperte aus der Tür mitten auf einen riesigen Platz in Köln. Mein leerer Blick nahm das Treiben und Geschehen auf dem Platz gar nicht war. Ich war wie angewurzelt und stand wie in Trance da. Ich konnte nicht glauben was ich gerade gehört hatte und versuchte diese unbegreiflich schlechte Nachricht zu verarbeiten.

Aber mir gelang es nicht, einen einzigen vernünftigen Gedanken zu fassen.

Mich riss das Bimmeln einer Fahrradklingel aus meiner Gedankenwelt, als ich bemerkte, dass ich auf dem Streifen des Fahrradweges stand. Ich sprang entsetzt zur Seite und versuchte mich zu sortieren.

Da ich noch nichts gegessen hatte und mein Magen auf sich aufmerksam machte, entschied ich mich aus Frust, zu McDonalds zu gehen. Ich bestellte ein Menü mit zwei Burgern, Cola und Pommes.

Als ich aus der Tür des McDonalds schritt, bemerkte ich einen Obdachlosen am Straßenrand. Er sah leider aus, als wäre er schon einige Jahre auf der Straße und das Schlimmste war, dass die Fußgänger einen Bogen um ihn machten, weil er sehr stark nach Urin roch.

Diesen Geruch konnte ich aus meinen zwanzig Metern Entfernung wahrnehmen. Doch es war mir egal, denn genau in diesem Moment hatte ich das Gefühl diesem Menschen was Gutes tun zu wollen und mein Essen mit ihm zu teilen.

Ich packte meinen Mut zusammen und als ich schlussendlich vor ihm Stand, kniete ich mich zu ihm herab und entschied mich spontan dazu ihm mein ganzes Essen zu schenken.

Also legte ich meine mit Essen gefüllte Tüte auf seinen Schoß.

Er schaute mich mit sehr großen, ungläubig dreinblickenden Augen an.

„Danke, Danke, Danke", stammelte er heraus. Ich stand nickend auf und ging weiter. Erst dachte ich, er würde das Essen nicht mögen. Er stellte es neben sich ab, vielleicht aus Scham oder Respekt mir gegenüber.

Rund zehn Meter weiter musste ich an einer roten Ampel warten und drehte mich nochmal um.

Da sah ich, wie der Obdachlose voller Glück und Freude den Burger aß. Er musste unfassbar hungrig gewesen sein, denn er verschlang das Essen förmlich. Dies war der Moment in meinem Leben, der mein Denken grundlegend änderte.

Mich erfüllte ein Gefühl der Dankbarkeit und des Demuts dieses Leben führen zu dürfen. Mir wurde buchstäblich sehr warm um mein Herz und ich lächelte. Ich begriff, dass es einen im Leben im schlimmer treffen kann.

Es geht darum, in den Momenten, wo vermeintlich eine Welt zusammenbricht, man eine Hiobsbotschaft bekommt oder einfach viele Dinge schief laufen, Demut zu zeigen und zu erkennen, dass es immer schlimmer kommen könnte.

In einer Sekunde auf die andere war mein Gefühl der Leere weg und mich erfüllte ein Gefühl der Genügsamkeit. Ich erachte das Ergebnis der MRT-Bilder als gar nicht mehr so dramatisch an. Ich spürte fortan eine gewisse Gelassenheit und Befreiung.

KAPITEL 6

DU BIST NICHT DAS OPFER

Ich hörte diesen Satz zum ersten Mal von meinen damaligen Trainer Gudjon Valur „Goggi" Sigurdsson. Und um ehrlich zu sein verstand ich diesen Satz anfangs überhaupt nicht, konnte einfach nicht nachvollziehen was er damit meinte.

November 2020. Ich hatte die erste meiner zwei Knieoperationen hinter mir. Goggi und ich waren im Kraftraum der Sporthalle. Wir trainierten zu dem damaligen Zeitpunkt zusammen, da er sich trotz Trainerposten immer fit hielt und ich meine Zeit zwischen den Operationen nutzen wollte, um noch ein wenig Form zu erhalten. Nach dem Training saßen wir da und unterhielten uns über meine anstehende Operation und die Zeit nach der Operation.

Ich war zugegebenermaßen sehr ungeduldig was meine Heilung anging, versuchte dann aber, den Umständen die Schuld dafür zu geben, ungeduldig zu sein.

Es war einfach zu sagen, dass Schmerzen und Schwellung im Knie von den zu kleinen Krücken, dem falschen Thrombose-Strumpf oder den falschen Medikamenten kamen. Doch Goggi sah mich an und sagte nur zu mir: „Du bist nicht das Opfer."

Dieser Satz verwirrte mich zuerst und ich wusste nicht, was ich antworten sollte. Ich nickte nur anerkennend und ging. Doch er ließ mich nicht los und in den kommenden Tagen dachte ich immer häufiger über den Satz nach.

Was hatte er damit gemeint? Wieso sollte ich kein Opfer sein? Immerhin musste ich viel Enttäuschung und Trauer ertragen. Es ergab keinen Sinn für mich.

Also ging ich eines Tages nach dem Training erneut zu ihm und fragte ihn was er damals mit dem Satz gemeint hat. Er antwortete, dass man nur „das beeinflussen kann was man falsch macht." Alles andere ist nunmal nicht zu ändern und zu beeinflussen. Außerdem meinte er zu mir, dass man „die Reaktion auf dieses Scheitern einer Sache selbst entscheidet."

Rege ich mich also maßvoll über Misslingen oder Rückschlage auf, oder konzentriere ich mich so schnell wie möglich auf die kommende Aufgabe und fokussiere mich darauf, es in Zukunft besser machen zu wollen.

Zwei mögliche Reaktionen, mit völlig anderen Wirkungen und Folgen.

Zu trauern ist menschlich. Und es gibt kaum einen Menschen auf dieser Welt, der nicht mal an sich gehadert hat. Nur wer sich mit vollem Einsatz einer Sache widmet, wird über sein Scheitern schlussendlich enttäuscht sein.

So könnte man es positiv formulieren. Er sagte zu mir: „Du selbst musst Verantwortung für dein Handeln übernehmen. Du bist die größte Instanz in deinen Entscheidungen. Wenn etwas Schlechtes passiert, kannst du es nicht mehr beeinflussen. Das Einzige, was du beeinflussen kannst, ist deine Reaktion auf die Dinge."

Im Nachhinein hat er absolut Recht gehabt. Rückblickend habe ich auch Fehler gemacht, die eventuell eine Verletzung begünstigt und meine Leistung limitiert haben.

Vielleicht hätte ich mich noch besser er-
nähren können, ein Runde mehr in die Eis-
tonne gehen oder noch zehn Minuten mehr
für ausdehnen hinten dranhängen sollen.
Denn gerade mein Körper brauchte nunmal
Sonderbehandlung.

Doch ich konnte es nicht mehr ändern und
musste lernen es zu akzeptieren.

Das Problem war, dass viele andere Mitspieler, die zum Training kamen, sich die
Schuhe anzogen und

einfach anfingen zu trainieren, ohne stun-
denlange Vorbereitung und Aktivierungs-
übungen.

Ich wollte und konnte mir mit 20 nicht
eingestehen, dass ich diese Zeit aufbringen
musste und die Übungen nötig waren.

Ich verglich mich ständig mit meinen Mitspielern und war dann in logischer Konsequenz sehr unzufrieden.

Denn ich investierte für mein Betrachten mehr Zeit und betrieb um einiges mehr Aufwand als andere Spieler, jedoch mühte ich mich ab mitzuhalten.

Ich sprach oft mit meinen Eltern in dieser schweren Zeit und bemängelte eine Sache oft. Der Aufwand kam dem Ertrag nicht gleich. Sie waren meiner Meinung und wir suchten nach einer Lösung. Nochmal pausieren und auf Besserung hoffen?

Oder doch einfach durchbeißen durch die Phase in der Hoffnung, dass es bald besser wird?

Nochmal andere Hallenschuhe probieren? Eine andere medizinische Behandlungsmethode versuchen?

Alles Bullshit und keine echte Lösung.

Die wahre und richtige Lösung wäre gewesen, sich einzugestehen, dass das Problem bei mir selbst lag.

Ich habe erkannt, dass das äußere Umfeld meist nicht das primäre Problem ist und die Schuld für die Situation, wie sie damals war, bei mir lag. Mit Sicherheit waren externe Faktoren, wie der harte Hallenboden, die hohe Belastung und der Druck von außen, Gründe, die meinen Weg in diese sportlich missliche Lage unterstützten.

Jedoch unterscheiden sich diese Gründe bedeutend von dem einzigen wahren Grund: Mir. Sie sind nicht veränderbar.

Es war schwer, das zu akzeptieren. Dieser selbsttolerante Umgang mit Fehlern ist sehr wichtig und hat meinen Charakter in positiver Art und Weise geformt. Dennoch hat es einige Zeit gebraucht, bis ich das auch gelernt und eingesehen habe.

Der Satz ‚Du bist nicht das Opfer' bedeutet auch anzuerkennen, dass alle Aspekte, die in der Umgebung vorherrschen und dich vielleicht stören und behindern, nicht der offensichtliche Grund für dein Scheitern sind. Es erfordert wahre Größe, sich Fehler einzugestehen

und Verantwortung für sein Handeln zu übernehmen. Aber genau so elementar ist es. Auch wenn du an einer Situation manchmal nichts ändern kannst, so ist es letztlich deine eigene Entscheidung, ob du dich in diese Situation begibst oder nicht. Du hast immer eine Wahl!

Selbstverantwortung bedeutet auch, sich für die eigenen Gefühle selbst verantwortlich zu fühlen. Gefühle leiten uns und unsere intuitiven Entscheidungen.

Sie passieren nicht einfach so ohne Grund und sind auch nicht dazu da, uns zu verwirren.

Ganz im Gegenteil: Gefühle sind wie ein inneres Navigationssystem. Wer den Einfluss des eigenen Handelns auf die eigenen Gefühle erkennt, kann diesen inneren Kompass nutzen. Das eigene Leben bekommt einen Sinn. Auch eigene (Belastungs-)Grenzen können besser respektiert werden.

KAPITEL 7

AM GLÜCKLICHSTEN

Dieses Kapitel soll den Schluss meiner Geschichte und dieses Buches bilden. Es geht um die wichtigste Erkenntnis in diesem Buch: Ich habe meine Lebensfreude und Glückseligkeit wiedergefunden. Ich will nicht sagen, dass ich jetzt meine „innere Mitte" gefunden habe oder „Yin und Yan im Gleichgewicht" sind. Doch ich stehe nun jeden Morgen auf und lächle, weil ich mir eine Menge Druck genommen und gelernt habe, dass Handball nicht das einzige im Leben ist. Das soll nicht heißen, dass sich meine Liebe und Hingabe für diesen Sport gemindert hat. Im Gegenteil, sie ist sogar noch größer als davor.

Doch ich habe mich selbst anfangs immer über meine Leistungen im Handball definiert.

Blöd gesagt empfand ich mich als „besseren" Menschen, wenn ich in einem Spiel zehn Tore gemacht habe.

Und machte ich ein schlechtes Spiel oder. spielte gar nicht, verlor ich einfach mein Selbstwertgefühl und fühlte mich schwach und nutzlos. Wegen eines Spiels. Wegen 60 Minuten Handball. Das war verrückt.

Mittlerweile habe ich aber erkannt, dass die Welt außerhalb des Sports überaus vielfältig ist. Ich habe in der Zeit nach meiner dritten Operation acht Wochen in meinem Elternhaus bei meiner Familie verbracht.

Dort habe ich angefangen Palettenmöbel zu konstruieren und zu bauen, habe gelernt

Gitarre zu spielen und sogar die ein oder andere Buchhaltungsaufgabe für unseren Familienbetrieb erledigt.

Alle diese Dinge haben mir sehr viel Spaß gemacht und mir den nötigen Abstand zum Handball verschafft.

Nach wie vor würde ich behaupten, dass das meine wichtigste Zeit in der Rehabilitation war. Klar, ich machte in dieser Zeit keine großen Fortschritte physisch gesehen.

Mein Knie war frisch operiert, ich durfte es nicht belasten und humpelte eigentlich den ganzen Tag auf Krücken rum.

Doch was viel wichtiger war, war die psychische Rehabilitation.

Diesmal hatte ich die Zeit über mein Gedanken und Gefühle zu reden, sie zu verarbeiten und neue Denkanstöße und Ideen zu sammeln.

Heutzutage würde man sagen, dass meine Denkweise einen Reset bekommen hat. Das tat mir unglaublich gut.

Ich kann mich noch gut an eine Situation erinnern, die buchstäblich für diesen Wandel meiner Ansichten stand.

Bevor ich davon erzähle, möchte ich mich noch einmal speziell bei meinen Eltern,

meinem Bruder und meinen engsten Freunden bedanken, die mir gerade in der schweren Zeit nach der Operation vollen Rückhalt, Liebe und Unterstützung entgegenbrachten.

Es war Freitagabend und mein Team spielte auswärts. Anpfiff 19:00 Uhr. Es war 18:58 Uhr, als ich den Laptop öffnete, um den Link für die Übertragung des Spiels zu öffnen. Die Übertragung begann in dem Moment, als die beiden Mannschaften einliefen. Plötzlich machte sich in mir ein Gefühl aus Frustration und Trauer breit. Das Spiel hatte noch nicht einmal begonnen.

Doch als ich realisierte, wie weit weg ich eigentlich von meinen Jungs war und wie wenig ich in der Lage war, sie zu unterstützen, überkam mich ein unerklärliches Empfinden von Hilflosigkeit.

Es war für den Moment grauenvoll vor dem Laptop zu sitzen. Es war fast wie Folter, das Spiel zu sehen.

Meine Eltern mussten das aufgrund meiner Mimik und ihres elterlichen Gespürs gefühlt haben. Mein Vater stand von der Couch auf, schritt zu mir herüber und klappte den Laptop zu.

Ich schaute ihn verdutzt an, nach dem Motto: Was soll das?

Er sah mich nur an und sagte: „Los Junge, lass uns raus gehen und ein Feuer machen."

Erst war ich sauer auf meinen Vater, doch er hatte genau das Richtige getan. Genau in diesem Augenblick merkte ich, dass es auch okay war, jetzt nicht vor dem Laptop zu sitzen, sondern mental bei seinem Team zu sein, aber Handball auch mal Handball sein zu lassen.

Das Leben ist ein ständiges Auf und Ab. Höhen und Tiefen gehören dazu. Gerade im Profisport liegen Leid und Freude oft sehr nah zusammen.

Innerhalb einer Sekunde entscheidet sich die Gefühlslage einer Mann- Schaft, eines Vereins und einer Stadt für die nächsten Tage. Es entscheidet sich, ob sich das ganze Training, die Reisestrapazen und der Kostenaufwand gelohnt haben.

So erlebt man die Höhen und Tiefen natürlich weitaus extremer und sie nehmen einen viel mehr mit. Doch genau hier kann ich nur den Satz aus dem oberen Abschnitt wieder aufnehmen: Handball auch mal Handball sein lassen. Keine Frage, man muss gerade bei Rückschlagen und Niederlagen sich selbst zur Brust nehmen und sich selbstkritisch mit den Gründen des

Versagens auseinander setzten, damit es im besten Fall beim nächsten Mal nicht mehr passiert. Das ist dein Job. Aber man sollte auch mal „Feierabend im Kopf" machen.

Denn Abstand zu gewinnen und zu haben, bringt einen meist mit mehr Elan und Energie wieder zurück.

In Berufen wie dem eines Notarztes oder dem eines Soldaten, in denen Extremsituation fast an der Tagesordnung stehen, sprechen Psychologen oft davon, dass man sich einen „Anker" suchen sollte. Dieser Anker kann der Ehemann, die Ehefrau, eine Aktivität oder eine Sache sein, ganz egal. Er soll nur eine bestimmte Funktion erfüllen, und zwar den stressigen Arbeitsalltag vergessen zu machen und für Geborgenheit und Freude zu sorgen.

Für manche Menschen bedeutet das zum Beispiel, gemütlich zu kochen und dabei die Lieblingsserie zu schauen. Andere machen eventuell Yoga oder Meditation.

Wiederum andere Menschen nehmen ihren Lebenspartner/in in den Arm und sind einfach glücklich.

Ich kann euch nur raten, euch einen Anker für eurer Leben zu suchen. Es erfordert oft viel Zeit und Gedanken, um solch ein große Frage zu beantworten, aber es lohnt sich.

Eine wichtige Erkenntnis, um meine innere Ruhe und Gelassenheit zu finden, gewann ich aus dem Buch *Das Café am Rande dieser Welt* von John Strelecky.

Ich saß eines Abends mit einer guten Freundin vor dem Lagerfeuer und wir waren in ein sehr existentielles Thema vertieft. Es ging darum, wie man als junger Mensch erkennen soll, was seine „Bestimmung" ist und woher man wissen sollte, was man in Zukunft werden wolle.

Vor allem aber unterhielten wir uns über alte Geschichten. Über gemeinsame Freunde, die keine mehr waren. Über Menschen, die einem im Nachhinein mehr Zeit raubten, als Liebe und Freundschaft entgegen zu bringen. Genau hier knüpft dieses Buch an.

Es handelt kurz gesagt darüber, wie man seinen ZDE findet. Seinen ‚Zweck der Existenz'. Das bedeutet einfach gesagt, den Sinn seines Lebens zu finden.

Das Leben zu führen, welches einen jede Minute ausfüllt und glücklich macht und nicht das Leben,

welches vielleicht gesellschaftlich vorgeschrieben oder von anderen Mitmenschen erwartet wird, zu führen.

Doch was ich euch weitergeben möchte, ist die Erzählung des Besitzers des Cafés über seine Begegnung mit einer grünen Meeresschildkröte. Es mag verrückt klingen, aber diese Geschichte über eine grüne Meeresschildkröte vermittelte mir eine der wichtigsten Lebenslehren im Bezug darauf, welche Dinge ich jeden Tag tun sollte oder nicht.

Die Geschichte wird von einen Mann erzählt, der seinen ZDE gefunden hat.

Eines Tages schnorchelte er auf Hawaii an der Küste entlang. Er war zirka 30 Meter vom Strand entfernt und tauchte gerade an einen großen Felsen, als er rechts von ihm eine große grüne Meeresschildkröte erblickte. Die Meeresschildkröte befand sich genau unter ihm und schwamm vom Ufer weg. Er entschloss sich an die Oberfläche aufzutauchen und die Schildkröte weiter zu beobachten.

Verblüfft musste er feststellen, dass es ihm nicht gelang mit der Schildkröte mitzuhalten, obwohl es so aussah als würde sie sich ziemlich langsam fortbewegen. Eigentlich war er bestens ausgerüstet, trug Schwimmflossen und hatte weder Schwimmweste noch irgendein Zusatzgewicht bei sich, was die Fortbewegung erschweren könnte.

Doch die grüne Meeresschildkröte entfernte sich immer weiter, egal wie sehr er sich auch anstrengte.

Erschöpft, enttäuscht und etwas beschämt, dass eine Schildkröte schneller schwamm als er, ließ er nach zehn Minuten nach und machte kehrt Richtung Ufer.

Am nächsten Tag kehrte er, in der Hoffnung, nochmals eine Schildkröte zu sehen, an den selben Ort zurück. Und tatsächlich: Nach 30 Minuten sah er einen Schwarm schwarzgelber Fische und inmitten des Schwarms schwamm eine große grüne Meeresschildkröte.

Nach kurzer Zeit musste er zu seiner erneuten Überraschung feststellen, dass er keine Chance hatte mit der Meeresschildkröte mitzuhalten.

Also ließ er sich treiben und, hörte auf zu paddeln, um sie zu beobachten.

In diesem Moment vermittelte ihm die grüne Meeresschildkröte eine wichtige Lebenslehre.

Als er sich an der Oberfläche treiben ließ, fiel ihm auf, dass die Schildkröte ihre Bewegungen dem Wasser anpasste. Wenn sich eine Welle auf das Ufer zubewegte und der Schildkröte ins Gesicht schwappte, ließ sie sich treiben und paddelte nur so viel, um die Position zu halten.

Und wenn die Welle wieder zurückströmte, nutze sie die Bewegung des Wassers zu ihrem Vorteil und paddelte schneller.

Die Meeresschildkröte kämpfte nie gegen die Welle an, sondern nutzte sie für sich.

Er erkannte, dass die hereinrollenden Wellen in Bezug auf sein Leben aus all den Leuten, Aktivitäten und Dingen bestanden, die versuchten seine Aufmerksamkeit und Zeit zu gewinnen, obwohl sie nichts mit seinem ZDE, seinem übertrieben gesagt „Sinn des Lebens" zu tun hatten.

Die zurückströmenden Wellen sind die Menschen, Aktivitäten und Dinge, die ihm dabei halfen, sein gewünschtes Leben zu führen. Je mehr Zeit und Energie er mit hereinrollenden Wellen verschwendete, desto weniger blieb ihm für die herausströmenden Wellen.

Ab diesem Punkt entschied er sich dazu, Dinge mit einer anderen Perspektive anzugehen.

Er entschied sich bewusster, zu handeln und zu hinterfragen, und aus welchem Grund er das tat.

Ich übertrug die Kernaussage der Geschichte auf meinen Alltag. Wenn man sich nicht auf das ausrichtet, was man gerne tun möchte, kann man seine Energie und Zeit schnell mit einer Menge an

derer Dinge verschwenden. Und wenn sich dann die Möglichkeit bietet, das zu tun, was man immer schon mal machen wollte, hat man keine Kraft, keinen Mut und darüber hinaus meistens auch kein Zeit mehr, es zu tun.

Jeden Tag versuchen so viele Menschen, uns zu überreden, Zeit und Energie für sie aufzubringen.

Man denke zum Beispiel an die Post. Wenn man sich auf jeden Werbeposter, jeden Flyer und jede Gewinnspiel-Aktion, mit denen man konfrontiert wird, einlassen würde, dann hätte man für den Rest des Tages keine Zeit mehr. Und das ist lediglich die Post. Ganz zu schweigen vom Fernsehprogramm, Restaurants oder den Mitteilungen auf dem Smartphone, die ständig Aufmerksamkeit beanspruchen wollen.

Ich denke die kleine metaphorische Geschichte ist anfangs undurchsichtig und verschleiert die Botschaft. Doch sobald man den Sinn hinter der Idee dieser Geschichte versteht, kann man seine Schlüsse daraus ziehen.

Mir hat diese Erzählung meine Augen ein wenig geöffnet und ich erachte meine Zeit im Alltag noch kostbarer als zuvor.